Spuren lesen

Religionsbuch 1/2

Herausgegeben von
Petra Freudenberger-Lötz

Erarbeitet von
Carolin M. Altmann, Ulrike von Altrock,
Hans Burkhardt, Petra Freudenberger-Lötz,
Katharina Gaida, Ulrike Itze und Brigitte Zeeh-Silva

calwer

westermann

Spuren lesen
Religionsbuch 1/2

Herausgegeben von Petra Freudenberger-Lötz

Erarbeitet von Carolin M. Altmann, Ulrike von Altrock, Hans Burkhardt, Petra Freudenberger-Lötz, Katharina Gaida, Ulrike Itze und Brigitte Zeeh-Silva

Auf der Grundlage von
Spuren lesen Religionsbuch für das 1./2. Schuljahr (Ausgabe 2010)
Erarbeitet von Ulrike von Altrock, Petra Freudenberger-Lötz, Ulrike Itze, Edelgard Moers, Anita Müller-Friese und Brigitte Zeeh-Silva

Illustriert von Yvonne Hoppe-Engbring und Barbara Freundlieb

Unter Beratung von Annett Abdel-Rahman, Shila Erlbaum und Ariane Dihle

Druck A[1] / Jahr 2023
Alle Drucke der Serie A sind inhaltlich unverändert.

Redaktion: Stephanie Schönhof
Umschlaggestaltung: Druckreif! Annette Henko, Braunschweig
mit einer Illustration von Yvonne Hoppe-Engbring, Steinfurt;
© Umschlagfotos: stock.adobe.com, Dublin: Gelpi (beide Mädchen);
stock.adobe.com, Dublin: Giorgio Magini/Stocksy (Junge)
Typografie und Layout: Druckreif! Annette Henko, Braunschweig
Druck und Bindung: Westermann Druck GmbH, Georg-Westermann-Allee 66, 38104 Braunschweig

ISBN 978-3-14-140110-3 | Westermann
ISBN 978-3-7668-4581-8 | Calwer

Inhalt

Das machen wir im Religionsunterricht

Wir stellen viele Fragen über Gott, die Welt und über uns.

Wir sammeln Informationen.

Wir gestalten mit unseren Händen.

Wir machen Rollenspiele.

Wir sind achtsam.

Wir lernen Geschichten aus der Bibel kennen.

Wir gehen einer Sache auf den Grund.

Wir kommen zur Ruhe, feiern und beten.

Wir sind eine Gemeinschaft

Gott ist wie Licht.
Julia

Wann fühlst du dich wohl in einer Gemeinschaft?

Gestaltet ein Bodenbild. Was steht in eurer Mitte?

Wer, wie, wo, was ist Gott?

Wir erleben Geborgenheit

Von guten Mächten wunderbar geborgen
erwarten wir getrost, was kommen mag.
Gott ist mit uns am Abend und am Morgen
und ganz gewiss an jedem neuen Tag.

Dietrich Bonhoeffer

Wir vertrauen einander.

Spielt: Wir beschützen einander.

Male ein Bild: Ich fühle mich geborgen.

Wir segnen einander

Gottes Liebe möge dich begleiten,
in hellen und in dunklen Zeiten.
Im Herzen wohnt ein heller Schein,
Gott mag immer bei dir sein.

Amen.

Segnet einander mit Worten und Gesten.

Sprich den Text als Flüstergebet.
Verändere dabei die Wörter **dich** und **dir** in **mich** und **mir**.

Spurensuche

Das ist wertvoll für mich …

Wir
Allein kann keiner diese Sachen,
zusammen können wir viel machen.
Ich mit dir und du mit mir –
das sind wir.

Was bedeutet mein NAME?

Das kann ich …

Ich habe noch eine Frage …

GEBORGENHEIT

Wir sind achtsam miteinander

Wo entdeckst du fürsorgliches und behutsames Miteinander im Bild?

Welche Gefühle kannst du erkennen?

In unserem Herzen wohnen viele Gefühle.
Male deine Gefühle mit verschiedenen Farben.

Achtsam wahrnehmen

Hören

Fühlen

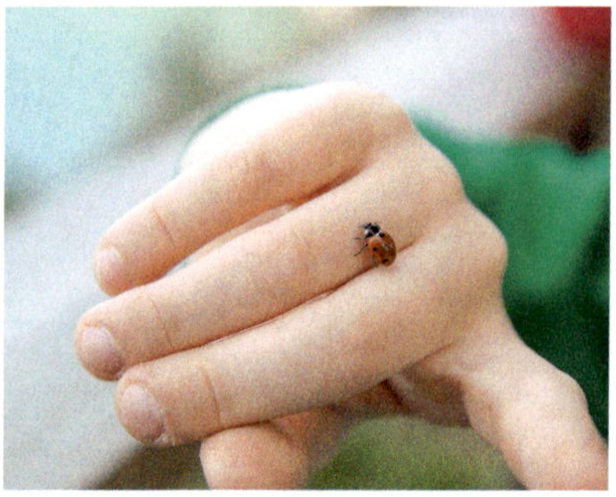

Staunen

Schmecken

Riechen

Atmen / Still werden

Esst ganz langsam ein Stück Brot.

Bringt Dinge mit in den Unterricht, die ihr fühlen, riechen und hören könnt.

Atemgebet

einatmen ⇧

ausatmen ⇩

Sprich still in Gedanken dieses Gebet.
Lass dabei deinen Atem ruhig in dein Körperhaus ein- und ausfließen. Die Pfeile helfen dir dabei.

Lege beide Hände auf deinen Bauch. Atme langsam ein und aus. Was fühlst du?

Finde Gesten zu diesem Gebet.

Wir gehen achtsam miteinander um

Ich teile mit dir.

Ich schenke dir Ruhe.

Wir sind behutsam miteinander.

Wir helfen einander.

Die Kinder auf den Bildern haben Mitgefühl. Sprecht darüber.

Welche Idee gefällt dir?

Probiert gemeinsam aus, wie sich Achtsamkeit anfühlt.

In mir wohnt eine Sonne,
die leuchtet und hält warm.
Sie strahlt aus meinem Herzen
und lacht dich an.

Ich tröste dich.

Wir beschützen einander.

Ich bin deine Freundin.

Findet Bewegungen für das Lied.

Wir achten auf unsere Gefühle

betrübt

vergnügt

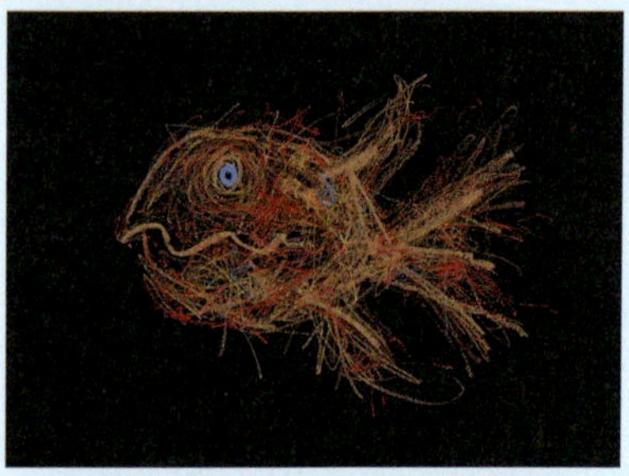

zornig

verwirrt

zufrieden

ängstlich

glücklich

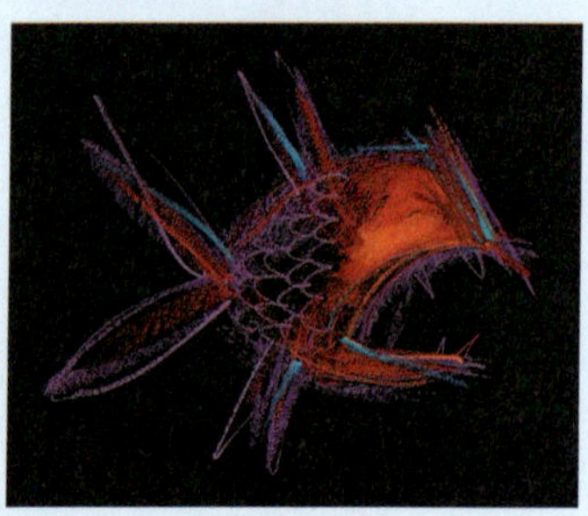

Wie fühlen sich diese Fische? Ordne zu.

Male ein eigenes Gefühle-Tier und erzähle eine Geschichte dazu.

Wann fühlst du dich gut, wann nicht?

Spurensuche

Wir freuen uns an der Schöpfung

Was gibt es Schönes auf der Welt?

Gestalte dein eigenes Poster.

Worüber kannst du heute staunen?

Wer bin ich?

Niemand ist wie du.
Niemand in deinem Land,
auf deinem Kontinent,
auf dem dritten Planeten
dieses Sonnensystems,
in der Galaxie,
die wir Milchstraße nennen.
Niemand,
weil du einmalig bist.

Ulrich Schaffer

Was magst du an dir?
Male und schreibe über dich.

Die Bibel erzählt von Gottes Schöpfung

- Erzähle die Schöpfungsgeschichte mit deinen eigenen Worten.
- Gibt es ein Bild, das man weglassen könnte? Was wäre dann?
- Setze die Bilderreihe durch ein eigenes Bild fort.

Franz von Assisi hat viele Geschwister

Franz von Assisi war ein besonderer Mann.
Von ihm wird erzählt, dass er mit den Tieren sprechen konnte.
Alle Lebewesen hatten Vertrauen zu ihm.
Er hat ein wunderschönes Lied gedichtet:
den Sonnengesang. Das Lied beginnt
mit den italienischen Worten **Laudato si**.
Das bedeutet: Sei gelobt!

Franz von Assisi hat besondere Geschwister. Erzähle.
Spielt die Geschichten von Franz und den Tieren nach.
Gibt es Menschen wie Franz von Assisi auch heute?

Ich kümmere mich um die Welt

Wie kannst du dich um die Welt kümmern?

Male oder schreibe, was du bereits tust und was du tun kannst.

Die Welt soll schön bleiben

Unser Schulgarten

Alle helfen mit.

Aus alt wird neu.

Insektenstube

Sammelt Ideen, was ihr tun könnt, damit die Welt schön bleibt.

Führt ein Projekt in der Klasse durch.

Wie soll die Welt in 50 Jahren aussehen?

Wie schön, dass es mich gibt

Danke, Gott, für Regentropfen,
die an unser Fenster klopfen.

Danke, danke für den Wind,
er brauset, sauset so geschwind.

Danke für die Sonnenstrahlen,
können bunte Bögen malen.

Danke, Gott, für jedes Kind.
Wie schön, dass wir geboren sind.

Findet Bewegungen zu diesem Dank-Gebet.

Fallen euch weitere Strophen ein?

Wann fühlst du Dankbarkeit?

Spurensuche

Das ist wertvoll für mich …

Guter Gott,
du hast alle lieb:
die Menschen, die Tiere
und die Pflanzen.
Hilf uns, dass wir gut
aufeinander aufpassen.
Amen.

Das kann ich …

Ich habe noch eine Frage …

DANKBARKEIT

Gott, wer bist du?

Gott ist wie der Freund aller Menschen und Tiere.
Lea

Der Gott ist für mich auf der Erde.
Niklas

Gott ist wie Licht.
Julia

Gott ist in mir.
Mika

Wie stellst du dir Gott vor? Male ein Bild dazu.

Schreibe deine Gedanken zu deinem Gottesbild auf.

Sprecht über eure Bilder und Gedanken.

Fragen stellen kann ich gut

Fragen stellen kann ich gut.
Fragen stellen macht mir Mut.
Fragen stellen immerzu,
Fragen stellen sollst auch du.

1. Ist Gott wie ein alter Mann?
Hat er auch Pantoffeln an?
Wohnt er in dem Wolkenmeer?
Oder ist er noch viel mehr?

2. Ist Gott in dem Sonnenstrahl?
Ist er auch im tiefen Tal?
Macht er mir bei Sorgen Mut?
Sagt er auch: Das ist nicht gut?

3. Wohnt Gott in der ganzen Welt
oder nur am Himmelszelt?
Ist er überall und hier
oder ist er auch in mir?

4. Wie kann Gott wohl wirklich sein?
Frag ich mich das nur allein?
Welche Vorstellung habe ich?
Welches Bild begleitet dich?

Das Lied stellt viele Fragen. Welche Fragen hast du?
Warum gibt es mehr Fragen als Antworten?

Die Bibel erzählt von Gott

Die Bibel erzählt uns in Bildern von Gott.
Welches Bild magst du am liebsten?

Sprecht über eure Gedanken.

Gott ist wie ...

... eine Hand, die mich führt.
... eine Mutter und wie ein Vater.
... ein Freund oder eine Freundin.

... ein Hirte.
... ein Haus.
... eine Sonne.
... eine Quelle.
... ein Fels.

Wähle ein Gottesbild der Bibel aus.
Schreibe es auf und gestalte es mit deinen Farben und Gedanken.

Suche Bilder von Gott in einer Kinderbibel.

Gott ist wie ein guter Hirte

Der Herr ist mein Hirte,
mir wird nichts mangeln.
Er weidet mich auf einer grünen Aue
und führet mich zum frischen Wasser.
Er erquicket meine Seele.
Er führet mich auf rechter Straße
um seines Namens willen.

Und ob ich schon wanderte
im finstern Tal,
fürchte ich kein Unglück,
denn du bist bei mir,
dein Stecken und Stab
trösten mich.

Du bereitest vor mir
einen Tisch
im Angesicht meiner Feinde.
Du salbest mein Haupt mit Öl
und schenkest mir voll ein.

Gutes und Barmherzigkeit
werden mir folgen mein Leben lang,
und ich werde bleiben
im Hause des Herrn immerdar.

Der 23. Psalm – Ein Psalm Davids

Was bedeutet der Hirte für die Schafe?
Wie hilft Gott den Menschen?

Male eigene Bilder zu den Psalmstrophen.

Gott begleitet wie ein guter Hirte

Was ist auf dem Bild dargestellt?

Finde die Gedanken des Psalms im Bild.

Was ist dir wichtig?

Gott suchen –

Wo findest du Spuren Gottes?

Mache eine Achtsamkeitsübung in der Natur.

Gottes Spuren erforschen

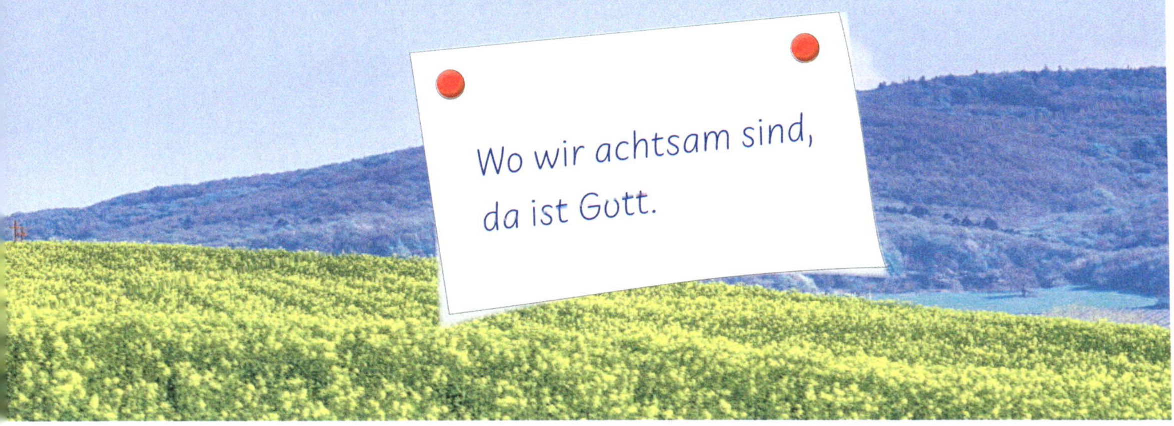

Gestalte ein eigenes Bild, auf dem man Gottes Spuren entdecken kann.

Legt die Bilder im Kreis aus. Erzählt von Gottes Spuren.

Beten heißt: Mit Gott sprechen

Lieber Gott, warum …?

Gott, wir danken dir …

Hallo Gott, ich möchte dir erzählen …

Guter Gott, ich bitte dich …

Wann betest du zu Gott? Wo betest du am liebsten?

Schreibe dein Gebet in dein Heft.

Gestalte ein Bild zu deinem Gebet.

Spurensuche

Das ist wertvoll für mich …

Wie Gott wirklich aussieht, weiß ja niemand.

Das kann ich …

GLAUBE

Ich habe noch eine Frage …

Danket dem Herrn,
denn er ist freundlich,
und seine Güte
währet ewiglich.

Psalm 118, Vers 29

Abraham und Sara

Was ist wichtig im Leben?
Denke nach und erzähle deiner Klasse davon.

Abraham und Sara leben
mit ihrer großen Familie
in Haran.

Beschreibe das Leben, das Abraham und Sara führen.

Angst vor Neuem – Neues wagen

Spielt die Geschichte weiter.

Was macht Abraham und Sara Mut?

Was bedeutet **Segen**?

Es gibt Streit

Abraham löst den Streit.
Lot darf entscheiden.

Schneide schwarzes und weißes Papier in kleine Formen.
Lege die Schnipsel als Streit.

Wenn der Streit vorbei ist – wie liegen die Schnipsel dann?

Gottes Versprechen

Abraham schaut zum Himmel.
Er hört Gott:

Ich will dich segnen.
Schau dir den Sternenhimmel an.
Kannst du die Sterne zählen?
So zahlreich wie die Sterne
werden deine Nachkommen sein.

Gestalte einen Sternenhimmel für Abraham und Sara.
Was bedeutet „Ich will dich segnen“? Denke nach!

Gott macht sein Versprechen wahr

Sara und Abraham freuen sich über ihr Kind.
Sie nennen ihren Sohn Isaak.
Sein Name bedeutet:
Gott lässt mich lachen.

Was wünschst du Isaak für seinen Lebensweg?

Male und gestalte eine Segenskarte.

Gott steht hinter dir

1. Gott steht hinter dir,
er stärkt dir den Rücken.
Und mit seiner Kraft
wird das Leben glücken.
Gott steht hinter dir,
er steht hinter dir.

2. Gott geht neben dir.
Er kann dich beschützen,
und sein guter Geist
wird dich unterstützen.
Gott geht neben dir,
er geht neben dir.

3. Gott ist unter dir
und du wirst getragen.
Ob in Freud, ob Leid,
du brauchst nicht verzagen.
Gott ist unter dir,
er ist unter dir.

4. Gott hält über dir
segnend seine Hände.
Schon von Anfang an
bis zu deinem Ende.
Gott hält über dir
segnend seine Hand.

Wo überall ist Gott?

Findet Bewegungen zum Lied.

Spurensuche

Das ist wertvoll für mich ...

Ich will dich segnen,
du sollst ein Segen sein.
aus 1. Mose, 12, Vers 2

Begleitet mich Gott auch auf meinem Weg?

Das kann ich ...

Ich habe noch eine Frage ...

SEGEN

Josef

Warum **du** und **nicht ich** ?

Was denken und fühlen die Kinder?

Welche Situation kennst du?

Denke nach: Was ist Neid? Wie fühlt sich Neid an?

Freude und Neid

Stellt die Gefühle von Josef dar.
Stellt die Gefühle der Brüder dar.
Josef freut sich. Wie kann er seine Freude zeigen?

Verletzung

Erzähle, warum Josefs Verhalten
seine Brüder und seinen Vater verletzt hat.

Welche Farbe hat Wut für dich? Male diese Wut.

Tief unten

Aus der Tiefe ruft Josef zu Gott. Betet mit Josef.

Was könnten die Brüder jetzt vorhaben? Überlegt und spielt.

Mal hoch oben – mal tief unten

Mein Gott ist bei mir.
Ich seh' ihn nicht,
versteh' ihn nicht,
und trotzdem ist er hier.

Finde eine Überschrift zu jedem Bild. Erzähle!

Sprecht den Text gemeinsam im Rhythmus.
Was denkst du darüber?

Tief unten

Lies den Text. Passt er manchmal auch zu deinem Leben?

Lege ein Bodenbild aus hellen und dunklen Tüchern.
Schreibe in Sprechblasen, was Josef Mut macht.

Das Geheimnis der Träume

Josef kümmert sich
um andere Gefangene.
Die Gefangenen erzählen
ihm ihre Träume.
Er hört ihnen zu.

Er kann ihnen
die Träume erklären.

Auch der Pharao
hat Träume.
Josef hört ihm zu.
Er weiß:
Das Geheimnis der Träume
kennt nur Gott.
Josef erklärt dem Pharao
seine Träume.

Spielt: Josef geht zum Pharao und gibt ihm einen guten Rat.

„Das Geheimnis der Träume kennt nur Gott." Was meint Josef damit?

Große Not

Die Hungersnot ist da. Überall.
In der Heimat beim Vater und den Brüdern.

In Ägypten hat Josef gut vorgesorgt.
Es gibt große Getreidehäuser.
Keiner muss hungern.

Die Brüder ziehen nach Ägypten.
Sie hoffen auf Hilfe in ihrer Not.

Wie geht es dem Vater und den Brüdern? Wie geht es Josef?

Auch heute hungern Menschen und verlassen ihr Land.
Sammelt Bilder und gestaltet eine Collage.

Versöhnung

Ihr Brüder,
kommt in meine Arme.
Ich bin es – Josef.
Gott hat alles wieder gut gemacht.

Schaut die Gesichter an. Was denken die Brüder?

Wie kann der Riss zwischen Josef und seinen Brüdern geflickt werden?

Versöhnung ist wie eine Brücke. Spielt die Versöhnung der Brüder.

Spurensuche

Das ist wertvoll für mich …

Ihr gedachtet es böse mit mir zu machen. Aber Gott gedachte es gut zu machen.
aus 1. Mose 50, Vers 20

Wo ist Gott, wenn es mir schlecht geht?

Das kann ich …

Ich habe noch eine Frage …

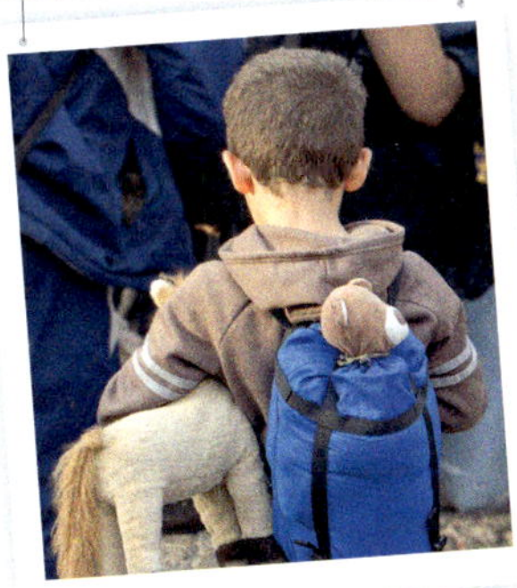

VERSÖHNUNG

Angst und Mut gehören zusammen

Das Bild erzählt von verschiedenen Gefühlen.
Kennst du diese Gefühle auch? Tauscht euch darüber aus.

Das Lied von der Angst und dem Mut

1. Wenn einer sagt:
„Ich mag dich, du,
ich find' dich ehrlich gut!",
dann krieg' ich eine Gänsehaut
und auch ein bisschen Mut.

2. Wenn einer sagt:
„Ich brauch' dich, du,
ich schaff' es nicht allein",
dann kribbelt es in meinem Bauch,
ich fühl' mich nicht mehr klein.

3. Wenn einer sagt:
„Komm, geh mit mir,
zusammen sind wir was!",
dann werd' ich rot, weil ich mich freu',
dann macht das Leben Spaß.

4. Gott sagt zu mir:
„Ich hab' dich lieb
und wär' so gern dein Freund!
Und das, was du allein nicht schaffst,
das schaffen wir vereint."

Wo kommen in dem Lied **Angst** und **Mut** vor?
Wie kann Gott dein Freund sein?

Wie fühlt sich Angst an?

Jeder Mensch darf Angst haben.
In der Bibel steht:

Die Angst meines Herzens ist groß.
aus Psalm 25, Vers 17

*Das Wasser geht mir bis an die Kehle.
Ich versinke in tiefem Schlamm, wo kein Grund ist.*
aus Psalm 69, Verse 2–3

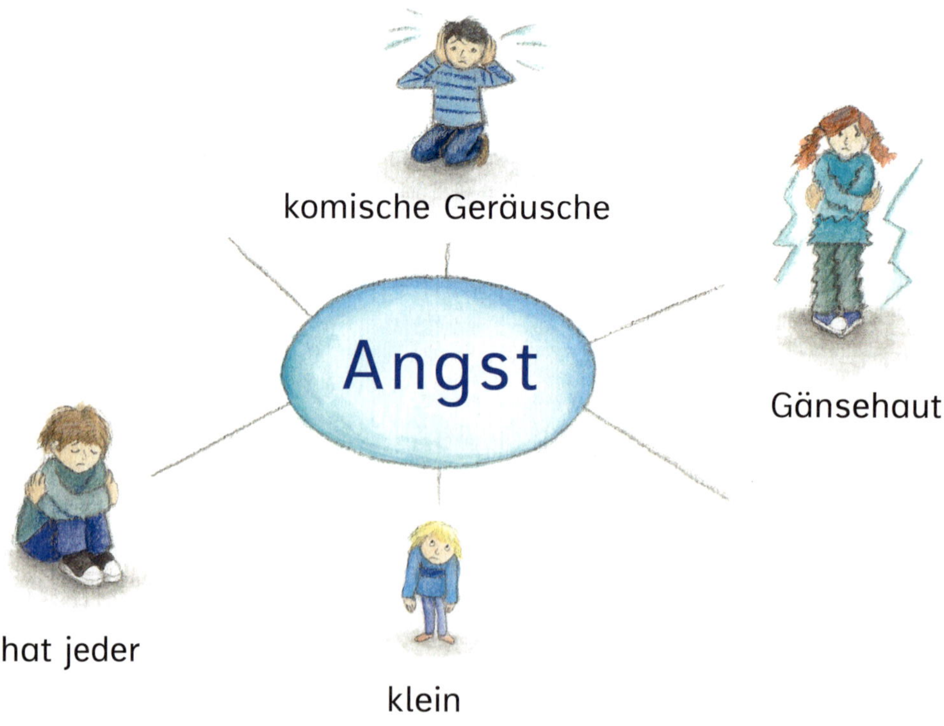

Wovor hast du Angst? Wie fühlt sich Angst an?
Male ein Bild dazu. Schreibe deine Gedanken auf.
Drücke Angst mit deinem Körper, deinen Blicken und deiner Stimme aus.

Wie fühlt sich Mut an?

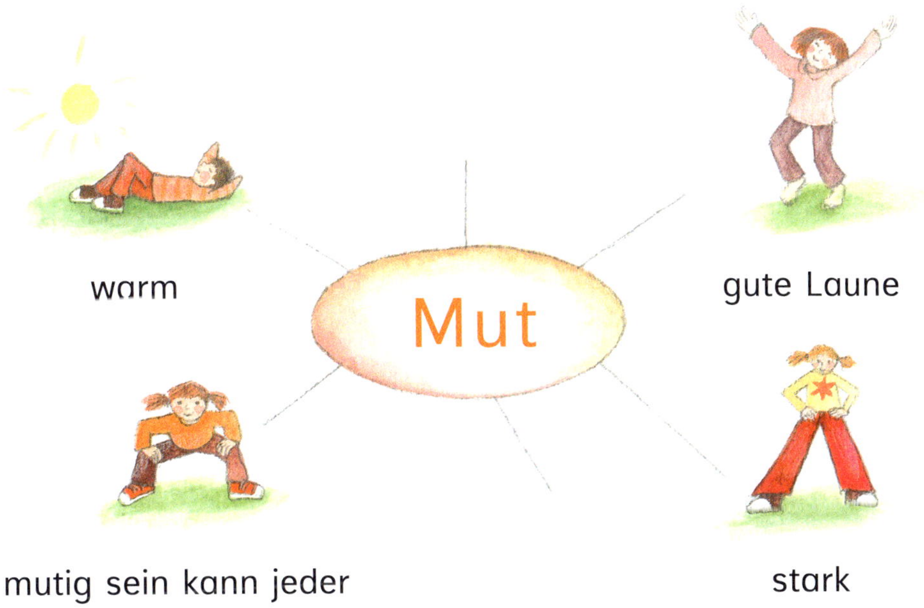

Jeder Mensch braucht Mut zum Leben.
In der Bibel steht:

Du bist mein Fels,
meine Burg,
mein Retter.
nach Psalm 18, Vers 3

Dass du bei mir bist,
das macht mich stark.
nach Psalm 18, Vers 36

Sprecht über die Bilder und erzählt von euren Gedanken.
Drücke Mut mit deinem Körper, deinen Blicken und deiner Stimme aus.
Male ein Mut-Bild. Schreibe deine Gedanken auf.

Jona bekommt einen Auftrag von Gott – Jona flieht

Wie verhalten sich die Menschen in Ninive?

Was soll Jona tun?

Jona wird ins Meer geworfen

Was denkt und fühlt Jona?

Spielt nach, was passiert ist.

Jona sitzt im Walbauch und betet

Schreibe auf, was Jona jetzt betet. Gestalte das Gebet mit Farben.

Betet mit Jona.

Spielt, wie ihr Jona trösten könnt.

Jona predigt in Ninive – Er macht eine Entdeckung

Was ist in Ninive geschehen?

Jona sagt: Jetzt weiß ich ... .

Lest die Jona-Geschichte in einer Kinderbibel.

Ich habe Angst und Mut – ich vertraue auf Gott

Gestaltet den Psalm mit Farben, Stoff, Ton, Musik und Wörtern.

Angst und Mut – probiert Standbilder aus.

Sprecht den Psalm gemeinsam.

Spurensuche

Das ist wertvoll für mich …

Meine Oma sagt: „Du brauchst keine Angst zu haben."

Das kann ich …

Mit meinem Gott kann ich über Mauern springen.

Psalm 18, Vers 30

Ich habe noch eine Frage …

VERTRAUEN

Wer ist Jesus?

Was siehst du auf den Bildern? Beschreibe.

Welche Darstellung von Jesus gefällt dir am besten? Begründe und erzähle.

War Jesus auch
in der Schule?

Ist Jesus der Sohn
von Gott?

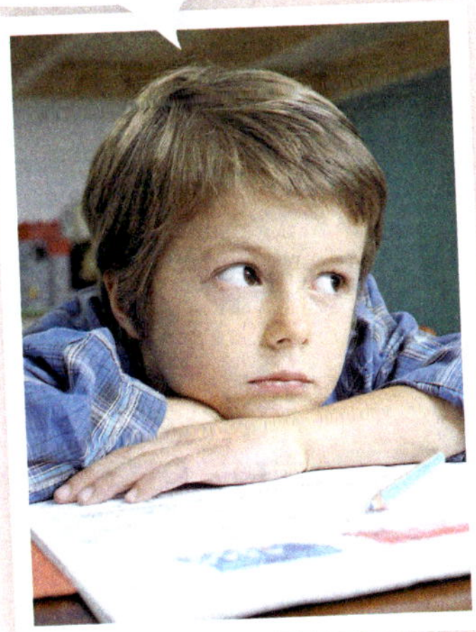
Ist Jesus bei mir,
wenn ich traurig bin?

Kann man Jesus
heute noch sehen?

Jesus lebte in Israel

Jesus ist in Nazareth
aufgewachsen.
Später lebte er
am See Genezareth.

Er erzählte von Gott
und hat vielen
Menschen geholfen.

Welche Geschichte von Jesus kennst du?
Sucht Israel auf einem Globus oder einer Weltkarte.

So sieht es heute in Israel aus

Das ist Nazareth.

Das ist der See Genezareth.

Was findet ihr über das Land heraus, in dem Jesus lebte?

Jesus trifft Levi

Levi ist ein Zöllner.
Er nimmt Geld von den Menschen.
Das Geld muss er den Römern geben.
Aber er behält auch etwas für sich.
Niemand mag ihn.
Er ist allein.

Warum geht Levi mit Jesus?
Spielt die Geschichte.
Niemand mag mich. – Sprecht miteinander darüber.

Jesus sucht Freunde

Jesus ruft noch andere Menschen.
Er sagt: „Ihr seid meine Jünger. Folgt mir nach.
Helft mir! Wir erzählen den Menschen von Gott.
Ladet alle ein."

Jesus und Levi laden ein. Wer geht mit?

Was kannst du von Jesus weitererzählen?

Jesus und Zachäus

Zachäus ist ein Zöllner.
Er nimmt Geld von den Leuten.
Sie mögen ihn nicht.
Sie denken: Er ist reich,
weil er uns das Geld wegnimmt.

Jesus ruft: „Komm,
ich will dich besuchen."
Zachäus ist froh.
Er will sich ändern.
Die Leute sagen:
„Zachäus ist ein
schlechter Mensch.
Warum geht Jesus
zu so einem?"
Jesus sagt: „Jeder
darf zu Gott kommen
und neu anfangen."

Was ist für dich das Wichtigste in der Geschichte?

Macht ein Standbild dazu.

Zachäus ändert sich. Feiert ein Fest.

Das verlorene Schaf

Jesus erzählt vom verlorenen Schaf:
Ein Mensch hatte 100 Schafe.
Eins ging verloren. ...

Ein altes Gebet:

Gott ist mein Hirte.
mir wird nichts fehlen.
Und wenn ich durchs
dunkle Tal gehe, brauche
ich keine Angst zu haben.
Du, Gott, bist bei mir.

nach Psalm 23, Verse 1 und 4

Bist du auch schon einmal verloren gegangen? Erzähle davon.
Was erzählt die Geschichte von Gott?
Gestaltet ein Bodenbild zum Gebet.

Jesus und die Kinder

Die Jünger wollen nicht,
dass die Kinder zu Jesus gehen.

Aber Jesus sagt:
„Lasst alle Kinder
zu mir kommen.
Sie gehören zu Gott."

Jesus sagt
zu den Erwachsenen:
„Vertraut Gott so
wie Kinder."

Bildet einen Kreis und mit den Händen ein Dach.
Ein Kind stellt sich in die Mitte.
Alle singen: Viel Glück und viel Segen, das schenke dir Gott.

Jesus und der Gelähmte

Die Freunde geben nicht auf.
Sie bringen den Gelähmten zu Jesus.

Jesus sagt: „Gott vergibt dir!
Du kannst neu anfangen.
Steh auf und geh nach Hause."

Alle haben es gesehen.
Manche rufen:
„Danke, Gott!"

Welche Gefühle findest du im Bild? Male.
Spielt die Geschichte.
Freunde sind wichtig. Erzähle.

Bartimäus

Bartimäus gibt nicht auf. Kennst du das von dir? Erzähle davon.

Gestaltet Standbilder zur Geschichte.

Jesus sagt: „Ich bin das Licht der Welt.“ Was meint er damit?

Jesus sagt: Teilt das Brot

Teilen ist nicht immer einfach. Was könnt ihr teilen?
Miteinander essen macht Freude. Probiert es aus.

Die gebeugte Frau

„Ich fühle mich gefangen und kann nicht heraus."

nach Psalm 88, Vers 9

„Du richtest mich auf."

nach Psalm 145, Vers 14

Wie geht es der Frau? Setzt euch hin wie sie und sprecht wie sie.

Findet Klänge für die Geschichte.

Auch heute gibt es viele gebeugte Menschen. Was kann sie heilen?

Jesus betet das Vaterunser

Jesus sagt:
So könnt ihr mit Gott reden:

Vater unser im Himmel,
geheiligt werde dein Name.
Dein Reich komme.
Dein Wille geschehe,
wie im Himmel, so auf Erden.
Unser tägliches Brot gib uns heute.
Und vergib uns unsere Schuld,
wie auch wir vergeben unsern Schuldigern.
Und führe uns nicht in Versuchung,
sondern erlöse uns von dem Bösen.
Denn dein ist das Reich
und die Kraft und die Herrlichkeit
in Ewigkeit. Amen.

Matthäus 6,9-13

Wo in diesem Bild würdest du gerne sitzen? Erzähle.
Welche Stelle im Vaterunser gefällt dir am meisten?
Betet gemeinsam das Vaterunser.

Jesus erzählt vom Reich Gottes

Kranke werden gesund.

Kleine werden groß.

Jesus sagt:

Gottes Reich
ist mitten unter euch.

nach Lukas 17, Vers 21

Blinden gehen
die Augen auf.

Hungrige werden satt.

Lahme gehen.

Erzählt euch die Geschichten auf den Bildern.

Welche Geschichte magst du am liebsten? Male ein Bild dazu.

Träume von einer besseren Welt

- Male dein Bild von einer besseren Welt.
- Vergleicht eure Bilder zu zweit.
- Gestaltet eine Ausstellung mit euren Bildern.

Wer ist Jesus? – Sag mir das

Wer ist Jesus? Sag mir das.
Was der so alles tut.
Wer ist Jesus? Sag mir das.
Er macht den Menschen Mut.

1. Die Menschen wollen Jesus seh'n,
sie kommen von weit her.
Sie haben schon so viel gehört
und mögen Jesus sehr.

2. Sie machen ihre Augen auf
und schauen Jesus an,
erkennen Gottes Sohn in ihm
und folgen ihm sodann.

3. Sie zeigen ihre Kinder gern
und jedes kommt ihm nah.
Er segnet sie so liebevoll.
Gott ist für alle da.

4. Sie tragen ihre Kranken her,
die können kaum noch geh'n,
und Jesus blickt tief in ihr Herz
und hilft dann aufrecht steh'n.

Zu welcher Strophe gibt es kein Bild? Suche ein Bild im Buch.
Erfinde zu jeder Strophe passende Bewegungen.
Wer ist Jesus? Was denkst du? Male oder gestalte.

Spurensuche

Das ist wertvoll für mich …

Jesus bringt Frieden zu den Menschen.

Das kann ich …

Ich bin das Licht der Welt.
aus Johannes 8, Vers 12

Ich habe noch eine Frage …

EVANGELIUM

Unsere Kirche

Gott baut ein Haus,
das lebt
aus lauter bunten Steinen,
aus großen und aus kleinen,
eins, das lebendig ist.

Entdeckst du den Turm und das Kirchenschiff?

Wie könnte deine Kirche aussehen?

Ein Haus für Gott und die Menschen

Der Portalbogen erzählt.
Welche Geschichten erkennst du in den Bildern?

Was mag hinter dieser Tür sein?

In der Kirche

Suche das Kreuz, die Kerzen, das Taufbecken und den Altar.

Was entdeckst du noch? Erzähle dazu Geschichten.

Die Kirche – ein besonderer Ort

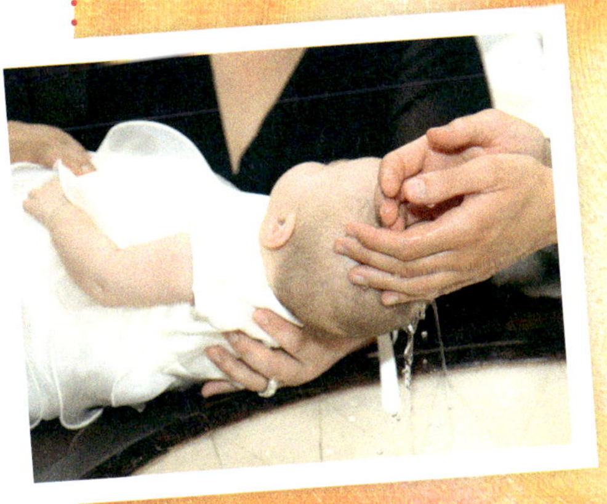

Wo zwei oder drei
in meinem Namen
versammelt sind,
da bin ich
mitten unter ihnen.

Was macht diesen Ort besonders?

Zündet eine Kerze an und werdet einen Augenblick still.

Erzählt einander, was ihr schon in einer Kirche erlebt habt.

Kirche ist mehr

Christen zeigen Gottes Liebe.

Spielt, wie Menschen einander helfen können.

Fragt nach, was den Menschen an der Kirche wichtig ist.

Spurensuche

Das ist wertvoll für mich …

Wie schön sind doch deine Wohnungen, allmächtiger Gott.

Psalm 84, Vers 2

Das kann ich …

Ich habe noch eine Frage …

HAUS GOTTES

Einladung

zum Gottesdienst
der Klasse 2b
am 5. Juni
um 9.00 Uhr

Wir feiern viele Feste

Jedes Jahr feiern wir viele Feste.

Wie fühlt es sich an, wenn du Geburtstag hast?

Welche Feste feierst du?

Warum feiern wir Feste?

Feste, Feiertage und Gedenktage

- Welche Feste kennst du?
- Welches Fest magst du am liebsten und warum?
- Forsche zu einem Fest, über das du mehr erfahren möchtest.

Advent und Weihnachten

Im Kirchenjahr feiern Christen viele Feste. Das Kirchenjahr beginnt am ersten Advent.
Am 6. Dezember feiern wir Nikolaus.
Nach dem vierten Advent folgt das Weihnachtsfest.
Weihnachten feiern Christen den Geburtstag von Jesus.

Welchen Festtag in der Weihnachtszeit magst du besonders?

Singt ein Adventslied und gestaltet gemeinsam die Zeit des Wartens.

Spielt eine Szene aus der Weihnachtserzählung nach.

Die Osterzeit

Palmsonntag ist Jesus
nach Jerusalem gekommen.
Gründonnerstag verabschiedete
sich Jesus von seinen Jüngern.
Karfreitag wurde Jesus gekreuzigt.
Ostern ist Jesus auferstanden.

Wie feierst du Ostern?

Suche die Geschichten in einer Kinderbibel.

Welche Fragen hast du zu den Geschichten?

Pfingsten, Erntedank und Martinsfest

Pfingsten feiern Christen
den Geburtstag der Kirche.

Im Herbst feiern Kirchengemeinden
das Erntedankfest.

Am Martinsfest erinnern wir uns
mit Laternenumzügen an Sankt Martin.

- Welches Fest kennst du schon? Suche die Feste auf Seite 89.
- Wofür kannst du an Erntedank „Danke“ sagen?
- Was hast du wie Sankt Martin schon einmal mit jemandem geteilt?

Spurensuche

Das ist wertvoll für mich …

Ich will mich freuen
und über dich jubeln.
Ich will deinen Namen
preisen, du Höchster.

Psalm 9, Vers 3

Das kann ich …

FREUDE

Welche Feste feiern Kinder in anderen Religionen?

Ich habe noch eine Frage …

Juden, Christen und Muslime

Auf dem Bild findest du Hinweise zu den drei Religionen: Judentum, Christentum und Islam. Was fällt dir auf? Erzähle.

Zusammen sind wir stark

Juden in der Synagoge

Schalom, ich heiße Dan.
Schalom bedeutet Frieden.
So begrüßen wir uns.

Lea und Dan sind
jüdische Kinder.
Ihre Religion heißt Judentum.
In der Synagoge können
jüdische Gläubige beten.

Die Thora ist die Heilige Schrift
im Judentum.
Dort steht auch
die Geschichte von Abraham.

Was möchtest du über das Judentum erfahren?
Finde heraus, wo eine Synagoge in deiner Nähe ist.

Muslime in der Moschee

Salam aleikum. Das bedeutet: Friede sei mit dir. Ich heiße Selin.

Selin und Karim sind muslimische Kinder.
Ihre Religion heißt Islam.
In der Moschee können
muslimische Gläubige beten.

Der Koran ist die Heilige Schrift im Islam.
Dort findest du auch die Geschichte
über Abraham.
Muslime nennen Gott Allah.

Was möchtest du über den Islam erfahren?

Finde heraus, wo eine Moschee in deiner Nähe ist.

Feste feiern im Judentum

Am Lichterfest Chanukka feiern Juden die Einweihung des wiederaufgebauten Tempels in Jerusalem. Zur Erinnerung zünden sie acht Tage lang Kerzen an und essen ölige Speisen. Die Kinder bekommen Geschenke und Süßigkeiten.

Ich mag das Purim-Fest,
weil ich gern bastele
und mich verkleide.
Und du?

An Purim denken Juden an die mutige Königin Esther. Purim ist ein fröhliches Fest. Alle haben Spaß. Die Menschen singen und tanzen und manche verkleiden sich auch.

Wann feiern Juden in diesem Jahr Chanukka?

Bastele eine eigene Maske für das Purim-Fest.

Feste feiern im Islam

Das Opferfest ist das wichtigste Fest im Islam. Muslime erinnern sich an Abraham. Abraham hat Gott vertraut. Am Opferfest teilen Muslime Fleisch mit armen Menschen oder spenden Geld. Sie danken Gott für alles, was er ihnen gegeben hat.

Am Ramadanfest feiern Muslime das Ende des Fastenmonats Ramadan. Die Kinder bekommen Geschenke. Auch die Erwachsenen freuen sich und sind dankbar.

Im Monat Ramadan freue ich mich jeden Abend auf das Fastenbrechen.

Wann feiern Muslime in diesem Jahr das Ramadanfest?
Welches Fest würdest du gerne als Gast miterleben?

Wir gehören zusammen

Juden, Christen und Muslime
leben hier in unsrem Land,
haben ihren eignen Glauben,
manches ist uns nicht bekannt.

Juden, Christen und Muslime
wollen sich noch mehr verstehen,
stellen gegenseitig Fragen,
können neue Wege gehen.

Denkt euch einen Tanz zu dem Lied aus.
Was kannst du tun, damit es jedem Kind in der Klasse gut geht?

Spurensuche

Das ist wertvoll für mich …

RELIGIONEN

Ich habe noch eine Frage …

Schalom alechem.
Salam aleikum.
Friede sei mit dir.

Das kann ich …

Die Bibel begleitet uns

Altes Testament

Die Schöpfung

1. Mose 1 und 2

Abraham und Sara

1. Mose 12–21

Neues Testament

Jesus wird geboren

Lukas 2,1–21

Jesus hilft Menschen

Markus 10,46–52

Die Geschichten der Bibel haben viel mit deinem Leben zu tun. Suche die Geschichten und Bilder im Buch.

Finde andere passende Bilder und gestalte ein Bibelplakat.

Josef
1. Mose 37–50

Jona
Jona 1–4

Der gute Hirte
Psalm 23

Jesus hat die Kinder lieb
Markus 10,13–16

Jesus erzählt von Gott
Lukas 15,1–7

Jesus ist auferstanden
Lukas 24,1–10

Suche die Geschichten in einer Kinderbibel.

Wo begegnen dir die Bibel und ihre Geschichten noch?

Quellennachweis

Texte

Bibelverse aus: Lutherbibel, revidiert 2017, © 2016 Deutsche Bibelgesellschaft, Stuttgart. Mit Ausnahme von S. 87: Psalm 84,2 aus: Neues Testament. Psalmen. Neue Genfer Übersetzung. NGÜ NT + PS, © 2011 Romanel-sur-Lausanne: Genfer Bibelgesellschaft, und S. 93: Psalm 9,3 aus: BasisBibel, Altes und Neues Testament, © 2021 Deutsche Bibelgesellschaft, Stuttgart. Mit „nach ..." gekennzeichnete Bibelverse sind freie Nacherzählungen einer Bibelstelle.

S. 7 Dietrich Bonhoeffer, Von guten Mächten (Auszug), gemeinfrei. S. 8 Brigitte Zeeh-Silva (Autorin), Gottes Liebe möge dich begleiten. S. 9 Irmela Brender, Wir (Auszug), © Rechtsnachfolge Irmela Brender. S. 15 Sonja Blattmann, In mir wohnt eine Sonne (3. Str.), © Rechte bei der Urheberin. S. 19 Ulrich Schaffer, ... weil du einmalig bist, © Lahr: Verlag Kaufmann 2007. S. 24 Brigitte Zeeh-Silva (Autorin), Danke, Gott, für Regentropfen. S. 27 Edelgard Moers, Fragen stellen kann ich gut, © Calwer Verlag, Stuttgart/ Westermann Gruppe, Braunschweig 2010. S. 42 Eckart Bücken, Gott steht hinter dir, © Kontakte Musikverlag, Ute Horn, 59557 Lippstadt. S. 48/49 Text nach: Armin Jans, Das ist genial! (2. Str.), © SCM Hänssler, Holzgerlingen. S. 55 Andreas Ebert, Kindermutmachlied – Wenn einer sagt, ich mag dich, © 1979 SCM Hänssler, D-71087 Holzgerlingen. S. 80 Edelgard Moers, Wer ist Jesus? – Sag mir das, © Calwer Verlag, Stuttgart/ Westermann Gruppe, Braunschweig 2010. S. 82 Waltraut Osterlad, Gott baut ein Haus, © Waltraut Osterlad. S. 85 Wo zwei oder drei in meinem Namen versammelt sind, Jesus-Bruderschaft e. V., Gnadenthal, Text nach Matthäus 18, 20. S. 100 Edelgard Moers, Juden, Christen und Muslime, © Calwer Verlag, Stuttgart/ Westermann Gruppe, Braunschweig 2011.

Abbildungen

Umschlagfotos
stock.adobe.com, Dublin: Gelpi (beide Mädchen);
stock.adobe.com, Dublin: Giorgio Magini/Stocksy (Junge)

|Alamy Stock Photo, Abingdon/Oxfordshire: Fatimah Al Awani / Stockimo 99.2; imageBroker 87.4; imageBROKER 92.7; Panther Media GmbH 91.6; Svarc, Petr 82.1. |Aracari Verlag AG, Zürich: aus „Heute bin ich" von Mies van Hout, Erstveröffentlichung 2011 in den Niederlanden unter dem Namen „Vrolijk", Veröffentlichung der deutschsprachigen Ausgabe durch aracari verlag im Jahr 2012, ISBN: 978-3-905945-30-0 16.1, 16.2, 16.3, 16.4, 16.5, 16.6, 16.7. |Berghahn, Matthias, Bielefeld: 4.3, 4.4, 4.7, 4.8, 5.3, 5.4, 5.7, 5.8, 6.6, 6.7, 6.8, 7.5, 7.6, 8.2, 8.3, 10.2, 10.3, 11.1, 12.7, 12.8, 13.2, 13.3, 14.5, 14.6, 15.5, 16.8, 16.9, 16.10, 18.7, 18.8, 18.9, 19.2, 20.9, 20.10, 20.11, 21.2, 21.3, 21.4, 22.6, 22.7, 23.5, 23.6, 23.7, 24.2, 24.3, 24.4, 26.6, 26.8, 27.2, 28.2, 28.3, 29.1, 29.2, 30.5, 30.6, 31.2, 31.3, 32.4, 32.5, 33.7, 33.8, 34.5, 34.6, 34.7, 36.4, 37.3, 38.12, 38.13, 38.14, 39.2, 39.3, 40.4, 40.5, 41.5, 41.6, 42.2, 42.3, 44.6, 44.7, 45.5, 45.6, 46.2, 46.3, 47.4, 47.5, 48.8, 48.9, 49.3, 49.4, 50.3, 50.4, 51.4, 51.5, 52.2, 52.3, 52.4, 53.3, 54.2, 55.3, 56.4, 56.5, 56.6, 57.3, 57.4, 57.5, 58.5, 58.6, 59.2, 59.3, 60.4, 60.5, 60.6, 61.8, 61.9, 61.10, 62.5, 62.7, 64.6, 64.7, 65.5, 66.7, 66.8, 67.3, 68.3, 68.4, 68.5, 69.2, 69.3, 70.2, 70.3, 70.4, 71.5, 71.6, 71.7, 72.3, 72.4, 73.2, 73.3, 73.4, 74.4, 74.5, 74.6, 75.2, 75.3, 76.3, 76.4, 76.5, 77.3, 77.4, 77.5, 78.6, 78.7, 79.5, 79.6, 79.7, 80.4, 80.5, 80.6, 82.2, 82.3, 83.2, 83.3, 84.2, 84.3, 85.5, 85.6, 85.7, 86.8, 86.9, 88.4, 88.5, 88.6, 89.12, 89.13, 89.14, 90.7, 90.8, 90.9, 91.8, 91.9, 91.10, 92.8, 92.9, 92.10, 94.2, 96.7, 96.8, 97.8, 97.9, 98.4, 98.5, 99.4, 99.5, 100.2, 100.3, 102.11, 102.12, 103.15, 103.16. |Burkhardt, Pfr. Hans, Michelstadt-Vielbrunn: 79.1, 79.2, 79.3, 79.4, 93.3. |Colourbox.com, Odense: 65.4; Denys Kuvaiev 65.2. |epd-bild, Frankfurt/M.: Landpixel/Damm-Wage 92.5; Nicola O`Sullivan 32.3; Oettel, Rainer 91.2, 103.11. |fotolia.com, New York: Blendl-mages 65.1; highwaystarz 86.4; Jargstorff, Wolfgang 90.4; Kzenon 86.3, 102.10; Lydia Geissler 53.7; photophonie 65.3; yellowj 33.1. |Freudenberger-Lötz, Petra, Kaufungen: 25.3. |Freundlieb, Barbara, Krefeld: 1.1, 3.2, 3.10, 4.2, 4.6, 9.5, 17.6, 21.1, 24.1, 25.5, 35.5, 43.6, 53.8, 63.5, 81.5, 87.5, 88.1, 93.5, 94.1, 96.3, 96.4, 97.2, 97.4, 97.5, 97.7, 98.3, 99.3, 100.1, 101.3, 101.4, 106.1, 106.2. |Hoppe-Engbring, Yvonne, Steinfurt: Titel, Titel, Titel, Titel, 3.8, 3.12, 4.1, 4.5, 5.2, 5.5, 5.6, 6.2, 6.3, 8.1, 9.1, 9.2, 10.1, 13.1, 15.1, 17.1, 17.2, 19.1, 20.1, 20.2, 20.4, 20.5, 20.6, 20.7, 20.8, 22.1, 22.2, 22.3, 22.4, 22.5, 25.1, 25.2, 28.1, 31.1, 34.1, 34.2, 34.3, 34.4, 35.1, 35.2, 37.1, 37.2, 38.1, 38.2, 38.3, 38.4, 38.5, 38.6, 38.7, 38.9, 38.10, 38.11, 39.1, 40.1, 40.2, 40.3, 41.1, 41.2, 41.3, 41.4, 42.1, 43.1, 43.2, 45.1, 45.2, 45.3, 45.4, 46.1, 47.1, 47.2, 47.3, 48.1, 48.2, 48.3, 48.4, 48.5, 48.6, 48.7, 49.1, 49.2, 50.1, 50.2, 51.1, 51.2, 51.3, 52.1, 53.1, 53.2, 55.2, 56.2, 56.3, 57.1, 58.1, 58.2, 58.3, 58.4, 59.1, 60.1, 60.2, 60.3, 61.1, 61.2, 61.3, 61.4, 61.5, 61.6, 61.7, 62.1, 62.2, 62.3, 62.4, 63.1, 63.2, 66.1, 66.4, 68.1, 68.2, 69.1, 70.1, 71.1, 72.1, 72.2, 73.1, 74.1, 74.2, 74.3, 75.1, 76.1, 76.2, 77.1, 77.2, 78.1, 78.2, 78.3, 78.4, 78.5, 80.1, 80.2, 80.3, 81.1, 81.2, 84.1, 85.2, 86.1, 86.7, 87.1, 87.2, 89.1, 89.2, 89.3, 89.4, 89.5, 89.6, 89.7, 89.8, 89.9,